# ATTEINDRE LA LIBERTÉ FINANCIÈRE À L'ÂGE DE 30 ANS.

## SERIES:

### LA LIBERTÉ FINANCIÈRE À TOUT ÂGE.

# ACHIEVING FINANCIAL FREEDOM IN YOUR 30's

Série "La liberté financière à tout âge
Par : D.K. Hawkins
Version 1.1 ~Novembre 2021
Publié par D.K. Hawkins sur KDP
Copyright ©2021 par D.K. Hawkins. Tous droits réservés.

Aucune partie de cette publication ne peut être reproduite, distribuée ou transmise sous quelque forme ou par quelque moyen que ce soit, y compris la photocopie, l'enregistrement ou d'autres méthodes électroniques ou mécaniques ou par tout système de stockage ou de récupération de l'information, sans l'autorisation écrite préalable des éditeurs, sauf dans le cas de très brèves citations incorporées dans des critiques et de certaines autres utilisations non commerciales autorisées par la loi sur le droit d'auteur.

Tous droits réservés, y compris le droit de reproduction totale ou partielle sous quelque forme que ce soit.

Toutes les informations contenues dans ce livre ont été soigneusement recherchées et vérifiées quant à leur exactitude factuelle. Toutefois, l'auteur et l'éditeur ne garantissent pas, de manière expresse ou implicite, que les informations contenues dans ce livre conviennent à chaque individu, situation ou objectif et n'assument aucune responsabilité en cas d'erreurs ou d'omissions.

Le lecteur assume le risque et l'entière responsabilité de toutes ses actions. L'auteur ne sera pas tenu responsable de toute perte ou dommage, qu'il soit consécutif, accidentel, spécial ou autre, pouvant résulter des informations présentées dans ce livre.

Toutes les images sont libres d'utilisation ou achetées sur des sites de photos de stock ou libres de droits pour une utilisation commerciale. Pour ce livre, je me suis appuyé sur mes propres observations ainsi que sur de nombreuses sources différentes, et j'ai fait de mon mieux pour vérifier les faits et accorder le crédit qui leur est dû. Dans le cas où du matériel serait utilisé sans autorisation, veuillez me contacter afin que l'oubli soit corrigé.

*Les informations fournies dans ce livre le sont à titre informatif uniquement et ne sont pas destinées à être une source de conseils ou d'analyse de crédit en ce qui concerne le matériel présenté. Les informations et/ou documents contenus dans ce livre ne constituent pas des conseils juridiques ou financiers et ne doivent jamais être utilisés sans avoir consulté au préalable un professionnel de la finance afin de déterminer ce qui convient le mieux à vos besoins individuels.*

*L'éditeur et l'auteur ne donnent aucune garantie ou autre promesse quant aux résultats qui peuvent être obtenus en utilisant le contenu de ce livre. Vous ne devez jamais prendre de décision d'investissement sans consulter au préalable votre propre conseiller financier et sans effectuer vos propres recherches et diligences. Dans toute la mesure permise par la loi, l'éditeur et l'auteur déclinent toute responsabilité dans le cas où les informations, commentaires, analyses, opinions, conseils et/ou recommandations contenus dans ce livre s'avéreraient inexacts, incomplets ou peu fiables, ou entraîneraient des pertes d'investissement ou autres.*

*Le contenu de ce livre n'est pas destiné à et ne constitue pas un conseil juridique ou un conseil en investissement et aucune relation avocat-client n'est établie. L'éditeur et l'auteur fournissent ce livre et son contenu sur une base "telle quelle". Vous utilisez les informations contenues dans ce livre à vos propres risques.*

# TABLE DES MATIÈRES.

TABLE DES MATIÈRES..................................................................3

INTRODUCTION.............................................................................5

CHAPITRE 1 ................................................................................10

   Le courage d'atteindre la liberté financière. .........................10

CHAPITRE 2 ................................................................................17

   Stratégies pour atteindre la liberté financière dans la trentaine........................................................................................17

CHAPITRE 3 ................................................................................29

   Comment obtenir la liberté financière grâce au marketing Internet..........................................................................................29

CHAPITRE 4 ................................................................................33

   Revenu résiduel et effet de levier pour atteindre la liberté financière........................................................................................33

CHAPITRE 5 ................................................................................39

   Atteindre la liberté financière et gagner de l'argent grâce à diverses sources de revenus. ................................................39

CHAPITRE 6 ................................................................................50

   En utilisant le pouvoir de la manifestation, vous pouvez maintenant manifester vos désirs et atteindre la liberté financière........................................................................................50

CHAPITRE 7 ................................................................................56

**Que faut-il faire pour commencer à vivre la vie que vous désirez?**................................................................................56

CHAPITRE 8 ................................................................................63

**Planification financière pour les particuliers, tranquillité d'esprit et liberté.** ................................................................63

CONCLUSION. ............................................................................69

# INTRODUCTION.

Il est possible de vivre une vie financièrement libre même si vous ne travaillez pas tout le temps, pour autant que vous ayez suffisamment d'argent. À moins que vous ne soyez né milliardaire, la liberté financière n'est probablement pas une préoccupation pour vous - mais elle l'était sans doute pour vos parents milliardaires.

Pour la grande majorité d'entre nous, la sécurité financière est une aspiration quotidienne. À ce titre, voici comment obtenir la liberté financière et les deux puissantes règles à suivre. Vous êtes sans doute déjà au courant que la clé de la liberté financière est un investissement. L'investissement est l'équivalent du revenu passif.

Le revenu passif est l'équivalent de la sécurité financière sans travailler activement. Cela signifie plus de temps pour profiter de la vie tout en ayant les moyens financiers de le faire. Cela implique de se réveiller chaque jour sans se soucier d'être en retard au travail ou d'effectuer des tâches quotidiennes pénibles. Cela signifie être capable de remplir ses obligations financières sans travailler cinq jours ou plus par semaine.

Cela indique que vos revenus ont dépassé vos dépenses. Il faut y travailler. On ne peut pas simplement demander comment obtenir la liberté financière et s'attendre à ce que tout se mette en place sous nos yeux. Pour voir vos aspirations se réaliser, vous devez être prêt à suivre les règles.

La réussite financière n'est pas pour les âmes sensibles et implique introspection, persévérance et engagement. Pour être clair, il ne s'agit PAS d'un programme pour s'enrichir rapidement ; il s'agit d'acquérir la liberté financière, quelle que soit la signification que vous lui donnez personnellement. Il s'agit de la voie à suivre pour atteindre la liberté financière par l'éducation et l'expérience, afin que vous puissiez à la fois préserver et générer cette liberté.

Les premiers pas vers la liberté financière commencent par l'autoréflexion. Les techniques d'autoréflexion vous aident à comprendre vos pensées et vos comportements ; après tout, votre attitude et votre comportement déterminent vos résultats. Après tout, qui d'autre propulsera vos objectifs vers l'avant et vous guidera sur VOTRE chemin vers la liberté financière ?

Il existe "X étapes vers la liberté financière". C'est réalisable si nous étions tous construits de la même manière, avec des pensées, des habitudes, une personnalité, des croyances et des attitudes. La vérité est que le nombre d'étapes nécessaires pour atteindre VOS objectifs financiers dépend entièrement de VOUS et de votre application de ces outils et stratégies.

Considérez ce que vous voyez dans le miroir (ou sur votre compte bancaire). Ce que vous voyez reflète les résultats financiers que vous avez accomplis jusqu'à présent ! Comment cela se présente-t-il ? OK?

Peut-on l'améliorer ? Ce qui pourrait être pire?

Toute réponse que vous donnerez sera contextualisée par rapport à votre environnement et à vos pairs. Votre définition de la réussite sera différente de celle de votre entourage et du monde entier. Par conséquent, nous nous attacherons à définir ce que la liberté financière (ou, plus précisément, votre liberté financière) signifie pour vous.

Il ne sert à rien de jouer au jeu de l'argent si vous n'avez pas établi vos objectifs financiers dès le départ ; sans objectifs, il est impossible de GAGNER. Les stratégies d'auto-réflexion vous aident à comprendre vos pensées et vos comportements ; après tout, votre attitude et votre comportement déterminent vos résultats.

Une composante de l'auto-évaluation comprend l'examen de nos principes fondamentaux, de nos croyances et de nos attitudes envers l'argent. Nous examinerons également nos habitudes, c'est-à-dire les raisons pour lesquelles nous accomplissons automatiquement certaines actions ou tâches, et pourquoi notre subconscient prend le relais.

Tant que vous ne fixez pas vos objectifs financiers, il est inutile de jouer au jeu de l'argent ; sans objectifs, il est impossible de GAGNER". Nous devons nous concentrer sur certains de nos comportements non favorables qui nuisent à notre bien-être financier et les modifier.

# CHAPITRE 1

## *Le courage d'atteindre la liberté financière.*

Je sais que vous avez déjà entendu cela de nombreuses fois. Vous avez essayé de mettre en œuvre et de suivre les conseils des autres et de vivre de cette manière. Je sais que je l'ai fait. Même si vous n'avez pas entendu ce dicton particulier de la part de quelqu'un d'autre, vous avez peut-être supposé que "si je vis de cette façon, alors j'aurai la liberté financière". J'ai aussi pensé cette approche, et cela s'est retourné contre moi.

Je fais référence au fait de profiter de la vie facile. L'hypothèse est que les mêmes problèmes que vous ne traitez pas finiront par disparaître. Ou une autre façon de penser est que si je n'avais que la liberté financière, je serais mieux loti.

Ce qui est étrange, c'est que cela vous empêche d'atteindre une richesse et une indépendance financière plus incroyables. Pourquoi ?

Parce que vous n'avez peut-être pas le courage d'atteindre la liberté financière sans même en être conscient.

Pensez-y.

Lorsque vous saluez le matin, vous vous dites : "Je suis tellement content d'avoir juste assez d'argent pour m'en sortir", ou "J'adore regarder mon compte bancaire, qui peut comprendre un découvert. tout en n'étant pas en mesure de payer toutes mes factures" ou "J'ai hâte d'avoir plus de vie à la fin de mon argent tout en me sentant anxieux et stressé quotidiennement". Non. Personne n'anticipe cela.

Pourtant, c'est ce qui se passe et, aussi bizarre que cela puisse paraître, cela est dû à un manque de courage dans la recherche de la liberté financière. Où est-ce que je veux en venir ?

Vous rencontrerez un équilibre égal de soutien et de difficulté, de plaisir et de souffrance, de louanges et de critiques, où que vous soyez et quoi que vous fassiez dans la vie. En plus de cela, vous aurez ceux qui vous admirent et ceux qui vous méprisent, dans la même mesure.

Et l'élément important de tout cela est que plus vous avez de richesse (combinée à la liberté financière), plus vous aurez de chacun d'entre eux dans la même mesure.

Considérez les individus les plus riches du monde. Quelles sont vos observations ?

À titre d'illustration, considérez Donald Trump. Vous verrez que Trump a des millions de détracteurs et des millions de partisans. Vous verrez des millions de personnes l'accuser d'être un crétin égoïste et des millions de personnes le louer comme un homme sympathique et compatissant.

En outre, vous ignorez peut-être que les individus les plus riches (y compris Trump) assument de nombreux risques, et c'est précisément en prenant ces risques qu'ils en retirent des bénéfices.

La plupart des individus pensent que s'ils sont aisés et disposent d'une liberté financière, ils auront une vie plus facile et plus heureuse. En réalité, vous ferez l'expérience d'une quantité égale de facilité et de lutte et des autres paires d'opposés énumérées précédemment, et plus votre richesse financière est importante, plus vous recevrez de chacun de ces éléments.

Si vous recherchez davantage d'avantages, vous devez vous attendre à prendre des risques plus importants. Si vous voulez qu'un millier de personnes vous soutiennent, vous louent et vous aiment, préparez-vous à ce qu'un millier d'individus vous critiquent, vous fustigent et vous méprisent. Les plaisirs et les peines sont sur un pied d'égalité, tout comme l'opinion des gens sur votre générosité et votre avidité.

Voici maintenant ce que la plupart des gens croient inconsciemment.

"Si je suis riche (plusieurs millions) et financièrement indépendant, les gens croiront que je suis très riche. Je ne veux pas que les gens pensent cela de moi. Les personnes qui m'appréciaient auparavant et même celles que je ne connais pas ne m'apprécieront plus. En raison de ma réussite financière, je suis maintenant soumis à des critiques accrues. On me met davantage à l'épreuve.

Tout à coup, des gens que je ne connais pas et dont je n'ai pas entendu parler depuis des années peuvent m'approcher et me demander de l'argent. Si je dis "non", ils me mépriseront et croiront que je suis avare et cupide. Je pensais que la vie serait simple, mais maintenant il y a plus de responsabilités et d'obligations, et il semble que je sois constamment sous le microscope aux yeux de beaucoup d'autres.

Tout cela ne m'intéresse pas et je ferai tout pour ne pas avoir à y faire face".

C'est précisément ce qui se produit lorsque vous croyez que vous serez mieux loti grâce à plus d'argent et de liberté financière. Bien sûr, vous pouvez faire quelque chose pour vous préparer à la possibilité que cela ne se produise pas, ce qui vous permettra de vivre une existence financièrement indépendante.

Mais avant tout, vous devez avoir le courage de le faire.

Avez-vous le courage de faire face à l'opposition et au soutien de manière égale ?

Avez-vous le courage de faire face au même nombre de personnes qui vous aiment et qui vous détestent ?

Êtes-vous assez courageux pour faire face à ceux qui sont repoussés par votre présence ? Ainsi qu'à ceux qui sont sincères et vous sourient ?

Avez-vous le courage de laisser partir certaines personnes de votre vie tout en permettant à d'autres d'y entrer ?

Avez-vous le courage d'être perçu comme égoïste tout en étant connu pour votre générosité et votre compassion ?

Avez-vous le courage d'être considéré comme "riche" et "fortuné" de la même manière que quelqu'un qui a gagné sa vie et apporte une valeur ajoutée significative aux autres ?

Avez-vous maintenant le courage de reconnaître que votre vie contient à la fois des difficultés et des facilités ?

Si vous avez répondu sept fois par l'affirmative, félicitations, car vous possédez maintenant le courage nécessaire pour atteindre la liberté financière.

Utilisez ces principes pour apprendre à tirer le meilleur parti de votre situation actuelle afin d'atteindre la liberté financière.

# CHAPITRE 2

*Stratégies pour atteindre la liberté financière dans la trentaine.*

La plupart des trentenaires sont à la recherche de nouveaux moyens d'acquérir la liberté financière. Les gens s'efforcent d'améliorer leur style de vie et de planifier l'avenir. Ils souhaitent passer plus de temps avec leur famille et moins de temps à travailler.

Ils veulent vivre la vie dont ils rêvent, mais malheureusement, la plupart des gens ne le font jamais, non pas parce qu'ils ne le veulent pas ou qu'ils sont paresseux, mais parce qu'ils n'ont pas le savoir-faire. Avant d'énumérer les derniers concepts de liberté financière, examinons ce que la plupart des gens font aujourd'hui dans la vie et qui a peu de chances d'aboutir à la liberté financière.

Examinons quelques idées qui ne fonctionnent pas :

1. Épargne financière

S'il est vrai qu'économiser de l'argent peut vous aider à devenir riche et indépendant financièrement, la réalité est que ce processus prend de très nombreuses années.

Je ne dis pas que vous ne devez pas épargner de l'argent ; si vous étudiez les personnes et les principes qui ont réussi, vous découvrirez qu'épargner de l'argent est l'une des voies de la prospérité. En d'autres termes, il est peu probable que le fait d'économiser de l'argent suffise à lui seul à atteindre la liberté financière.

Il y a plusieurs explications à cela. Premièrement, la plupart des gens dilapident leurs revenus ; il ne leur reste pas d'argent chaque mois pour épargner. Deuxièmement, comme l'inflation est généralement plus importante que les taux d'intérêt offerts par les banques, vous finirez par perdre de l'argent. Par conséquent, je ne considérerais pas la conservation de l'argent comme l'une des idées les plus récentes en matière de liberté financière.

2. Travailler en tant que salarié

Le principal inconvénient du statut de salarié est que vous échangez du temps contre de l'argent. En fin de compte, nous disposons tous de vingt-quatre heures par jour (nous sommes pris dans la "Rat Race"). Un petit nombre de salariés gagnent suffisamment d'argent pour économiser/investir plus qu'ils ne dépensent. Ces personnes, par contre, ne sont pas typiques. Il s'agit d'individus qui détiennent trois ou quatre diplômes et qui ont été de perpétuels étudiants "A".

Ce sont des hommes vraiment intelligents. En outre, un autre inconvénient important du statut de salarié est que vous n'êtes pas rémunéré équitablement ; vous ne pouvez pas être rémunéré équitablement parce que votre employeur doit profiter de vous.

3. Travailleur indépendant

Avoir sa propre entreprise est préférable à travailler pour quelqu'un d'autre puisque vous êtes en charge de votre propre emploi du temps et de votre destin. Le travail indépendant présente l'inconvénient majeur de vous obliger à échanger votre temps contre de l'argent.

Si vous ne travaillez pas, vous ne serez pas rémunéré. Les stratégies décrites ci-dessus ne sont pas considérées comme des idées avant-gardistes en matière de liberté financière et ont peu de chances d'aboutir à la liberté financière car elles manquent toutes d'effet de levier.

Examinons certaines des idées les plus récentes pour atteindre une liberté financière qui fonctionne:

1. Créez votre propre entreprise à partir de rien:

Vous pouvez créer votre propre entreprise si vous êtes enthousiaste à l'égard d'un produit ou d'un service particulier ou si vous avez identifié une demande non satisfaite du marché, mais vous devrez faire beaucoup de recherches avant d'investir. La plupart des entreprises multimilliardaires ont été fondées par une seule personne avec une idée, souvent dans un garage ou une chambre d'amis.

Si vous reconnaissez une opportunité et que vous avez la foi et la détermination de la saisir, vous pouvez atteindre la grandeur ! Microsoft, Virgin, Dell et eBay ne sont que quelques exemples de ces entreprises. Alors, avez-vous les dernières et les meilleures idées pour atteindre la liberté financière?

2. Marketing multi-niveaux / MLM

Créer une entreprise depuis le début peut être intimidant et coûteux si vous n'avez pas d'expertise commerciale préalable. C'est là que le marketing de réseau excelle. Vous investissez dans un système bien établi pour un coût de départ très faible et vous gagnez de l'argent tout en étudiant. Le marketing de réseau n'est pas comparable à un emploi traditionnel. Si vous travaillez correctement votre entreprise, vous pouvez la faire évoluer vers une entreprise de plusieurs millions de livres/dollars.

De même, si vous n'y travaillez pas, vous échouerez. Malheureusement, le marketing de réseau est l'une des idées les plus récentes en matière de liberté financière qui suscite le scepticisme des gens ; ils le considèrent comme un système pyramidal sans comprendre la distinction entre les deux.

3. Investir dans l'immobilier

L'investissement immobilier n'est pas un concept nouveau pour atteindre la liberté financière, puisqu'il existe depuis des siècles. Pourtant, il s'agit, à mon avis, du meilleur investissement à moyen et long terme que vous puissiez faire.

Selon les statistiques, la valeur des propriétés au Royaume-Uni a augmenté d'environ 10 % par an au cours des 80 dernières années. Même si la valeur des propriétés a baissé, elle récupère toujours cette perte et continue à s'apprécier au fil du temps.

## 4. Investissement en actions

Vous pouvez acheter différentes actions, y compris des actions privilégiées, des obligations et des gilts, mais la plus courante est l'action ordinaire ; les actions ordinaires représentent simplement la propriété d'une entreprise.

Ainsi, lorsque vous achetez des parts, communément appelées actions ou parts sociales, vous devenez un véritable copropriétaire de la société. Si ABC Plc, par exemple, possède 100 000 actions d'une valeur de 1 $ chacune et que vous achetez pour 1 000 $ d'actions, vous possédez 1 % de la société.

Il est important de se rappeler qu'en tant qu'investisseur, vous avez votre mot à dire dans les activités de l'entreprise en votant aux assemblées des actionnaires. Vous avez également des chances de gagner financièrement si l'entreprise réussit. Si l'entreprise obtient de bons résultats, la valeur de votre investissement devrait augmenter ; en revanche, si la même entreprise obtient de mauvais résultats, la valeur de vos actions peut diminuer.

5. Développement personnel

La seule façon de s'enrichir rapidement est de gagner à la loterie, d'hériter d'une fortune ou de voler une banque. Les chances de gagner à la loterie sont presque nulles, peu de gens ont des grands-parents riches et l'idée de la prison ne plaît pas à la personne typique. Il est concevable pour chacun d'entre nous de gagner des millions et des millions de dollars chaque année, mais la réalité est que nous n'avons aucune idée de la façon dont nous pouvons gagner notre vie.

Vous ne trouverez pas de livre contenant une recette d'argent toute faite qui vous rendrait instantanément riche, car si un tel livre existait, nous serions tous riches, n'est-ce pas ? Cependant, nous devons apprendre des plus grands.

Si vous voyez quelqu'un qui réussit tout ce qu'il entreprend dans la vie, prenez exemple sur lui et entourez-vous de sa présence, de ses connaissances et de ses expériences en lisant et en écoutant des documents de formation audio. L'épanouissement personnel est la plus sous-estimée des dernières idées en matière de liberté financière, bien qu'elle soit probablement la plus importante.

6. Éliminer les mauvaises créances

Tout d'abord, il faut reconnaître qu'il existe de "bons" et de "mauvais" prêts et les distinguer. Toutes les dettes ne sont pas considérées comme "mauvaises". Certaines dettes peuvent générer des revenus.

Aujourd'hui, les personnes les plus riches du monde sont endettées à hauteur de millions de dollars, grâce à leur compréhension de l'effet de levier. Si vous avez une hypothèque sur un bien immobilier et que vos locataires la remboursent, il s'agit d'une dette "positive" car elle génère des revenus. Vous souhaitez accumuler autant de "bonnes" dettes que possible.

Les cartes de crédit, les paiements de voiture et les cartes de grands magasins sont tous des exemples de "mauvaises dettes". Vous payez généralement une fortune (jusqu'à 30 %) pour ces dettes, qui ne font que restreindre votre flux de trésorerie mensuel.

Créez une structure pour vous aider à rembourser ces dettes plus rapidement et veillez à ne pas retomber dans ces problèmes. Cela ne signifie pas que vous ne posséderez jamais une voiture ou un bateau de luxe, mais plutôt que si vous dépensez judicieusement et développez correctement votre entreprise, vous serez en mesure d'acheter cette voiture.

## 7. Gagner de l'argent en ligne

Il existe de nombreuses méthodes pour gagner de l'argent en ligne tout en travaillant à domicile, et l'une d'entre elles est le marketing d'affiliation. Le marketing d'affiliation consiste à faire de la publicité efficace pour un site Web et à être rémunéré pour chaque visiteur, abonné, client et/ou vente générée grâce à vos efforts. Une autre méthode pour gagner de l'argent en ligne consiste à créer votre site Web.

Une page Web en soi ne vous rapportera pas d'argent, mais si vous pouvez construire un site Web avec un volume élevé de trafic, vous pouvez gagner de l'argent en vendant des espaces publicitaires sur votre site.

Ebay est une autre méthode qui a gagné en popularité parmi les personnes qui travaillent à domicile. Certaines personnes passent leurs journées à parcourir eBay à la recherche de bonnes affaires. Elles achètent ces produits et les revendent en réalisant un bénéfice. Certaines personnes créent ou distribuent des objets sur eBay et gagnent de l'argent.

8. Créer un produit, un service ou une invention unique en son genre

Une autre approche pour gagner beaucoup d'argent consiste à créer un objet ou un service qui simplifiera la vie des gens ou qui en désirera beaucoup. Inventer est bien plus compliqué qu'il n'y paraît, mais toutes les inventions ne doivent pas être complexes. En explorant l'internet, je suis tombé sur un site qui vendait des wishbones en plastique.

Oui, quelqu'un a trouvé un moyen de reproduire des os de dinde pour Thanksgiving aux États-Unis. Le concept est le suivant : vous en achetez deux ou trois et tous les convives peuvent voir leur souhait exaucé, et pas seulement un. L'entreprise produit actuellement plus de 30 000 os à souhaits par an, avec un bénéfice de 3 dollars par os.

# CHAPITRE 3

## *Comment obtenir la liberté financière grâce au marketing Internet.*

La liberté financière désigne la capacité d'une personne à maintenir son niveau de vie actuel sans travailler de longues heures ni dépendre des autres pour couvrir ses dépenses. En substance, une personne doit disposer d'une rentrée d'argent mensuelle supérieure à une sortie d'argent mensuelle pour ses dépenses courantes.

La plupart d'entre nous aspirent à la liberté financière ou à une retraite trop précoce pour pouvoir profiter de la vie. Ce n'est pas forcément un rêve lointain. Toute personne capable de générer de l'argent de manière constante et de maintenir une discipline financière peut atteindre la liberté monétaire.

Le marketing en ligne est une approche fantastique pour gagner de l'argent à bas prix depuis chez soi. Gagner de l'argent en ligne est si simple que toute personne disposant de temps libre peut gagner de l'argent supplémentaire en se concentrant sur les principes fondamentaux du marketing en ligne.

Internet est le plus grand marché du monde, offrant de nombreuses options pour gagner de l'argent et atteindre la liberté financière. Ce chapitre aborde les stratégies les plus fondamentales pour gagner de l'argent rapidement grâce au marketing en ligne.

Comprendre les possibilités qui s'offrent à vous.

Examinez les différentes méthodes qui vous permettraient de gagner de l'argent en ligne. De nombreuses stratégies de marketing Internet efficaces peuvent vous aider à gagner de l'argent en ligne. Le référencement, les blogs, la publicité, la rédaction d'articles, la création et la gestion de répertoires en ligne, le marketing d'affiliation et le commerce électronique ne sont que quelques exemples.

Il existe aujourd'hui de nombreuses façons de générer de l'argent sur Internet. Gagner de l'argent en ligne peut sembler difficile si vous êtes un débutant. Cependant, le secret de la réussite du marketing en ligne consiste à se concentrer sur les quelques concepts mentionnés ci-dessus plutôt que d'explorer tous les canaux potentiels. La liberté financière ne s'acquiert pas du jour au lendemain ; vous devez travailler très dur pour y parvenir.

Dangers possibles:

De nombreux dangers sont inhérents à un plan d'affaires de marketing en ligne. Il se peut que les coûts soient plus élevés que les revenus, que le référencement soit inefficace, que les initiatives de marketing ne soient pas efficaces ou que la stratégie commerciale soit improductive.

Il est essentiel de prendre en compte tous ces risques, car vous allez consacrer une quantité importante de temps et d'efforts à ce travail, et il est donc essentiel d'analyser les risques qui y sont liés.

Utiliser toutes les techniques disponibles.

Lorsque vous commencez une campagne de marketing en ligne, la phase la plus importante est la recherche de mots-clés. Après avoir effectué une recherche adéquate de mots-clés, vous pouvez commencer à créer des liens, à améliorer le classement des pages et à utiliser différentes stratégies de marketing en ligne. Ces stratégies de marketing en ligne peuvent inclure les réseaux sociaux, le marketing par courriel et la mise en signet de blogs. L'objectif est de développer un plan d'affaires solide et d'y adhérer tout en essayant toujours d'improviser.

Un spécialiste du marketing en ligne ne peut pas employer toutes les tactiques de marketing accessibles. Cependant, le meilleur plan d'action est de bien comprendre l'évolution des tendances du marché en ligne.

N'oubliez pas non plus de créer une entreprise en ligne sur la base de principes éthiques afin que vos clients aient une confiance totale dans votre organisation et ses produits ou services.

# CHAPITRE 4

*Revenu résiduel et effet de levier pour atteindre la liberté financière.*

Qu'est-ce que le revenu résiduel ? Qu'est-ce que l'effet de levier ?

Pourquoi avez-vous besoin des deux pour atteindre la liberté financière ?

Vous avez peut-être déjà entendu ces questions et reçu des réponses différentes. Je suis ici pour rétablir la vérité, car ces questions ont un impact important sur ma vie.

Trop souvent, la liberté financière est assimilée à une grande richesse. On croit généralement que la personne moyenne ne peut atteindre la liberté financière à moins de gagner à la loterie ou au jackpot. C'est tout à fait faux.

En effet, la liberté financière se définit comme le fait de disposer d'un revenu "passif" ou "résiduel" suffisant pour subvenir à ses besoins. Je ne parle pas de conduire une voiture de 100 000 $ et de passer deux mois de vacances aux îles Fidji. Je fais référence à votre vie telle qu'elle existe actuellement. Prenons le cas d'une personne qui gagne 50 000 $ par an.

Elle pourrait certainement s'en sortir avec 40 000 $ par an pour couvrir ses besoins essentiels (logement, services publics, nourriture et transport). Dans ce cas, cette personne n'aurait besoin que d'un revenu passif de 40 000 $ par an pour atteindre la liberté financière.

Ces résultats se traduisent par la chose la plus importante que nous puissions acquérir dans la vie. LA LIBERTÉ DE TEMPS ! Lorsque vous n'avez plus besoin d'échanger votre temps contre de l'argent pour faire ce que vous voulez ou ce que vous vous sentez appelé à faire, vous pouvez vivre pleinement votre vie.

LEVERAGE.

Vous êtes presque certainement en train de vous endetter. C'est mon cas et celui de presque toutes les personnes que je connais. La grande entreprise de ma cousine exploite son temps et ses talents à son profit ; les nombreux programmes d'affiliation auxquels je participe m'exploitent, moi et mon marketing, à leur profit, et vous êtes presque certainement exploité aussi.

Ayant déjà été propriétaire d'une entreprise de peinture résidentielle, je profitais chaque semaine du travail et des talents de mes employés. La question n'est donc pas de savoir qui tire parti de vous, mais qui tire parti de vous. Si vous n'utilisez pas l'effet de levier pour atteindre la liberté financière, je vous souhaite bonne chance au loto.

RÉTENTION DU REVENU RÉSIDUEL.

Quelqu'un m'a un jour demandé si j'étais un agent immobilier qui travaillait avec diligence pour vendre une maison.

Que préférerais-je : toucher ma commission de 5 000 $ OU recevoir 5 $ chaque fois que la porte d'entrée s'ouvre et se ferme pendant le reste de mes années ?

Bien que j'aie répondu immédiatement (et incorrectement) que je préférais recevoir la totalité de la commission à l'avance, la question m'est restée en tête. Après tout, j'avais vingt ans à l'époque, et 5 000 dollars semblaient être une fortune. J'ai calculé les chiffres mentalement et sur papier. J'ai soumis la situation à quelques amis. Je suis toujours arrivé à la même conclusion.

Les chiffres étaient corrects, mais ma perspective était limitée. Ce n'est que lorsqu'un ami de la famille (un professionnel de l'assurance très prospère) m'a demandé : " Et si tu vendais en moyenne deux maisons par mois pendant les quatre prochaines années ? " que ma perspective a changé. Cela fait 96 logements.

Si la moyenne basse d'ouvertures/fermetures par logement est de cinq par jour, cela représente un coût quotidien de 2 400 $. Un tel plan de rémunération n'existe pas dans l'immobilier aujourd'hui (du moins pas à ma connaissance), sinon nous serions tous agents immobiliers. C'est pourquoi de nombreuses personnes à la recherche d'une véritable liberté financière se tournent vers l'industrie du marketing d'affiliation ou de réseau.

Pour dire les choses simplement, le revenu résiduel est de l'argent qui est versé de manière répétée pour un seul acte. Votre agent d'assurance vous a vendu votre police une fois, mais il est rémunéré chaque fois que vous payez votre prime de renouvellement pour maintenir votre police.

Les secteurs de l'affiliation ou du marketing de réseau sont les possibilités les plus réjouissantes pour créer une entreprise à faible risque et à faible coût qui exploite le pouvoir de l'effet de levier et bénéficie d'un revenu résiduel. De plus, l'époque où vous considériez vos amis et votre famille comme des prospects et où vous les harceliez chaque fois que vous les voyiez est révolue, grâce à Internet.

L'utilisation d'Internet pour créer et développer une activité de marketing de réseau est une excellente idée ! Si cela est fait correctement, des prospects très ciblés vous chercheront, plutôt que de devoir promouvoir votre entreprise à tous ceux que vous rencontrez constamment.

J'ai pris l'engagement à long terme de ne jamais posséder ou exploiter une autre entreprise qui ne tire pas parti de la puissance de l'effet de levier et qui n'offre pas les avantages des revenus résiduels. Ce changement de philosophie a eu un effet profond sur ma famille. Mon cousin et moi travaillons tous les deux à temps partiel, et je travaille à la maison. La véritable liberté financière est à l'horizon.

# CHAPITRE 5

*Atteindre la liberté financière et gagner de l'argent grâce à diverses sources de revenus.*

Ce chapitre a pour but de vous informer sur les différents moyens de gagner de l'argent pour atteindre la liberté financière grâce à de nombreuses sources de revenus.

Il ne s'agit pas de recevoir des astuces et des conseils pour devenir instantanément milliardaire du jour au lendemain ou pour gagner de l'argent facilement et rapidement ; il s'agit plutôt d'apprendre des stratégies éprouvées et testées pour créer plusieurs sources de revenus à vie et devenir moins dépendant d'un seul emploi.

En résumé de cette discussion, voici les différentes sources de revenus disponibles pour permettre à quiconque de gagner de l'argent et de gagner sa vie.

## Sources.

* Primaire - Il s'agit du type de revenu le plus fréquent que votre employeur vous fournit sous la forme d'un salaire ou d'un traitement et d'avantages sociaux en échange de votre travail pour l'employeur. Dans ce cas, vous gagnez de l'argent uniquement en travaillant pour votre employeur.

* Alternative - Il s'agit de revenus générés par des moyens ou des sources autres que le travail de bureau ou l'emploi traditionnel. De nombreuses personnes gagnent de l'argent en tenant un blog, en investissant, en vendant sur eBay ou en créant une entreprise en ligne.

## Types.

* Gagné ou actif - Vous gagnez de l'argent en travaillant. Vous cessez de gagner de l'argent lorsque

vous cessez de consacrer du temps à l'exécution du travail qui génère votre revenu.

* Passif ou résiduel - L'argent travaille pour vous ! Contrairement au revenu gagné ou actif, la génération de revenus continue même lorsque vous ne travaillez plus.

Compte tenu de ces deux types de revenus, il est prudent de diversifier vos sources de revenus et de vous orienter consciemment vers la création de revenus résiduels ou passifs.

Ce qui est considéré comme un revenu passif et résiduel pour tout le monde?

Disposer de plusieurs sources de revenus est essentiel pour la liberté financière. Cela permet d'augmenter considérablement votre revenu global et d'accélérer la croissance de vos richesses monétaires. Cela vous permettra de devenir moins dépendant de votre principale source de revenus, qui est actuellement votre travail, et éventuellement de la remplacer entièrement pour atteindre la liberté financière.

Ainsi, diversifier ses sources de revenus est aujourd'hui essentiel pour tout le monde, et ceci est rendu encore plus transparent par les raisons suivantes:

* Si vous perdez votre emploi, vos revenus ne "disparaissent" pas, mais plutôt "diminuent", car vous continuez à gagner de l'argent et à générer des liquidités grâce à vos nombreux flux de revenus passifs.

* Une promotion dans une entreprise rend extrêmement difficile la recherche d'un emploi aussi bien rémunéré que le précédent.

* Le fait d'avoir plusieurs sources de revenus accélère votre chemin vers la liberté financière. Après tout, le véritable test de la liberté financière est lorsque vous ne dépendez plus de votre emploi pour couvrir vos dépenses courantes.

\* Avoir plusieurs sources de revenus vous permet d'utiliser vos ressources et d'accroître votre flexibilité. Lorsque vous ne dépendez pas de votre emploi pour survivre, vous êtes dans une bien meilleure position.

À quelques exceptions près, le concept d'un travail régulier à rémunération fixe est mort ; il est extrêmement difficile de compter sur une seule source de revenus, car de nombreuses entreprises n'hésitent pas à réduire la main-d'œuvre dans le cadre d'initiatives de réduction des coûts. Je pense qu'il est crucial pour tout le monde de diversifier ses sources de revenus afin d'atténuer les risques liés aux revenus.

Vous avez dépensé beaucoup d'argent, d'efforts et de temps pour arriver à votre poste actuel. La plupart des employeurs exigent un diplôme universitaire, tandis que d'autres demandent une formation et des études supplémentaires.

Quatre années d'études universitaires ont consommé une quantité importante de votre argent, de vos efforts et de votre temps ! Il n'est pas déraisonnable de consacrer 15 minutes par semaine à la création de plusieurs sources de revenus qui rapportent au moins 1 000 $ par mois !

Une fois que vous avez établi un flux de revenus (récurrent et passif), vous pouvez en explorer un autre. En revanche, celui que vous avez déjà établi continue à créer de l'argent et à générer des revenus pour vous, d'où le concept de passif.

À titre d'illustration, si vous disposez d'une source de revenus qui vous procure au moins 10 000 $ par mois, vous continuerez à gagner au moins cette somme au fur et à mesure que la génération de revenus augmente, même si vous ne faites rien ; c'est le principe passif. En comparaison, lorsque vous cessez de vous présenter à votre travail de bureau, vous cessez de gagner de l'argent, car vous ne recevez plus votre rémunération régulière.

Valeurs essentielles pour la réussite commerciale dans les flux de revenus multiples.

Comme nous l'avons dit précédemment, nous ne croyons pas aux combines pour s'enrichir rapidement et nous souhaitons vous mettre en garde contre les divers systèmes bidons qui promettent de telles combines trompeuses. Nous vous recommandons, si vous souhaitez réellement gagner de l'argent et atteindre la liberté financière grâce à de nombreux flux de revenus, de garder à l'esprit les valeurs suivantes:

1. Passion - Poursuivez des activités qui vous plaisent vraiment et qui vous passionnent.

2. Compétence - Consacrez-vous à l'amélioration de vos capacités et à la formation d'un expert.

3. Persévérance - Ne vous attendez jamais à des résultats immédiats. Soyez patient et persévérant jusqu'à ce que vous atteigniez un certain degré de réussite et continuez à persévérer pour atteindre un succès encore plus grand.

4. Adaptabilité - Certaines tâches nécessiteront plus d'efforts que d'autres pour être accomplies.

5. Détermination - Si d'autres idées peuvent fonctionner, beaucoup ne le font pas ; continuez à essayer et ne vous découragez pas. Soyez persévérant jusqu'à ce que vous découvriez l'outil de marketing qui vous convient le mieux.

6. Développez - Ne vous contentez pas de votre succès initial ; recherchez d'autres sources de revenus pour compléter votre revenu et étendre votre capacité à générer des revenus.

7. Incrémental - Les revenus provenant de plusieurs sources représentent une part importante du revenu total.

Devenir un entrepreneur à temps partiel.

Comme il a été dit précédemment, il est très dangereux de ne compter que sur son emploi actuel pour gagner de l'argent. Par conséquent, être chef d'entreprise à temps partiel est une solution prudente.

En tant que propriétaire d'une entreprise à temps partiel, vous pouvez conserver votre emploi à temps plein et ses avantages tout en explorant de nouvelles possibilités de développer et de diversifier vos sources de revenus. En tant que propriétaire d'une entreprise à temps partiel, vous choisissez votre horaire et travaillez à votre propre rythme pour créer de nombreuses sources de revenus et gagner de l'argent afin d'atteindre la liberté financière.

Comment commencer.

Voici quelques étapes simples mais essentielles pour vous permettre de démarrer avec de nombreux flux de revenus:

1. Commencez par les activités que vous aimez. La logique veut que vous vous absteniez des activités que vous méprisez et détestez vraiment. Comme vous allez consacrer du temps à votre entreprise, vous devez vous concentrer uniquement sur ce qui vous enthousiasme.

2. Créer un plan d'affaires détaillé. Effectuez des recherches et créez un plan d'affaires efficace. Vous voudrez certainement vous engager dans une entreprise viable et vous permettant d'atteindre la liberté financière.

3. Mettre en œuvre et achever. Sans l'exécution et la mise en œuvre de votre stratégie d'entreprise, les grandes ambitions ne deviennent jamais des réalités. Cela demande un courage et un dévouement considérables pour obtenir le résultat que vous avez toujours souhaité.

4. Cherchez constamment à vous améliorer. Tout le monde ne réussit pas sa première entreprise. Mettez un point d'honneur à tirer les leçons de vos échecs passés et appuyez-vous sur l'expertise collective pour atteindre le succès.

Où dépensez-vous vos revenus supplémentaires?

De nombreuses alternatives s'offrent à vous lorsque l'argent supplémentaire commence à affluer dans votre quête de liberté financière. En voici quelques exemples:

1. Remboursement des dettes.

2. Établir un fonds d'urgence.

3. Investir dans différents types d'entreprises.

4. Investissez dans des possibilités supplémentaires de revenus à flux multiples pour diversifier vos revenus.

5. Effectuer des recherches et créer votre flux de revenus.

6. Dépensez l'argent et vivez pleinement votre vie.

7. Contribuez à des œuvres de bienfaisance et à d'autres organisations méritantes grâce à votre aide financière.

# CHAPITRE 6

*En utilisant le pouvoir de la manifestation, vous pouvez maintenant manifester vos désirs et atteindre la liberté financière.*

D'après des études universitaires, les générations précédentes et même les étudiants d'aujourd'hui consacrent une grande partie de leurs cours à obtenir de bonnes notes et à s'assurer un avenir radieux.

Est-il vrai que votre école vous a enseigné comment obtenir la liberté financière et vivre une vie de prospérité et de bonheur grâce au pouvoir de la manifestation ?

Bien que les bonnes notes soient sans aucun doute importantes puisqu'elles démontrent le dévouement aux buts et objectifs de la vie, je suis sûr que beaucoup d'entre vous ont subi un lavage de cerveau de la part de vos professeurs lorsque vous étiez étudiants.

Votre perception d'un avenir intensif vous a très certainement conduit à choisir une carrière d'avocat, de médecin, d'ingénieur, d'homme d'affaires ou toute autre profession garantissant un revenu élevé.

Votre école a fait un excellent travail pour vous aider à atteindre vos objectifs.

Votre école vous prépare-t-elle à gérer vos ressources financières lorsque vos revenus et vos obligations commenceront à arriver ?

Votre éducation vous prépare-t-elle à atteindre la liberté monétaire et financière ?

Votre emploi bien rémunéré vous permet de vivre dans une grande maison, de conduire une belle voiture ou un camion, peut-être une moto de sport ou un bateau de lac, d'adhérer à un club de loisirs, de prendre des vacances annuelles et d'acquérir les articles que vous avez désirés.

Attendez ! Avez-vous déjà laissé l'inquiétude de perdre votre profession ou votre travail s'infiltrer dans votre esprit avec succès?

La bulle financière s'est dégonflée.

- Les organisations se déplacent, se dissolvent ou réduisent leurs effectifs.

- L'état des flux de trésorerie de votre entreprise continue de se détériorer.

- Peut-être que les dirigeants de l'entreprise cherchent à réduire les dépenses.

Ils choisissent de licencier des employés qui gagnaient des salaires hebdomadaires substantiels, et peut-être êtes-vous l'un d'entre eux, et votre monde s'écroule.

Une troisième et une deuxième hypothèque garantissent votre belle maison au bord du lac auprès d'une banque régionale, et vous avez puisé dans vos fonds au cours des premiers mois pour apaiser vos prêteurs.

Très vite, vos prêteurs continueront à vous envoyer par courrier certifié des avis de saisie imminente et inonderont votre boîte vocale d'appels vous harcelant au sujet de vos obligations.

J'ai parlé de l'importance de créer activement la vie que vous désirez de l'intérieur et de la refléter dans le monde matériel. Aussi important que soit la réussite financière et l'attraction de l'argent, la gestion de vos ressources financières est importante pour vivre la vie que vous désirez et dont vous avez toujours rêvé.

Une fois que vous aurez atteint la sécurité financière et que vous respirerez normalement, vous serez en mesure de sortir de la rat race. Vous aurez alors plus de temps libre pour faire ce que vous aimez vraiment, comme explorer le monde et vivre la vie que vous désirez vraiment!

Commencez par apprendre comment obtenir la liberté financière.

Enseignez à vos enfants la valeur des connaissances que vous acquérez en ces temps de nouvelle ère sur la manifestation de vos souhaits, la création de la vie que vous désirez et la compréhension du fonctionnement réel de la loi de la manifestation. Dans le monde d'aujourd'hui, il n'y a pas de pénurie de ressources disponibles au bout de vos doigts pour vous éduquer, étudier et vous développer avec l'Internet d'aujourd'hui.

Alors que l'argent peut être une épée à double tranchant qui peut soit vous faire ou vous ruiner, en appliquant les lois d'attraction de l'univers, elles seront de votre côté si vous pouvez développer la capacité d'atteindre la liberté financière.

- Commencez votre voyage vers la liberté financière.

- S'instruire.

- être économiquement avantageux.

Il est bon d'acquérir une meilleure compréhension de l'obtention de la liberté financière et de vous éduquer sur l'accomplissement de vos buts et objectifs pour vivre la vie que vous avez choisie.

Commencez une nouvelle aventure avec les étapes de la loi de l'attraction qui vous guideront vers la réalisation de ce que vous désirez vraiment dans ce monde.

# CHAPITRE 7

## *Que faut-il faire pour commencer à vivre la vie que vous désirez?*

De nombreux trentenaires pensent que pour obtenir la liberté financière, il faut avoir un diplôme ou être un génie, mais cela ne pourrait être plus éloigné de la réalité !

Bon, vous dites donc qu'il faut de l'argent pour en gagner, n'est-ce pas ?

Pas toujours. En effet, certaines activités ne nécessitent pas d'argent du tout ; tout dépend de ce que vous voulez faire et de la rapidité avec laquelle vous pensez y arriver. Pour commencer, vous devez déterminer ce que vous désirez.

Par exemple, voulez-vous gagner de l'argent supplémentaire à dépenser en voyages, ou voulez-vous gagner une somme d'argent extraordinaire qui changera tout votre mode de vie ?

Voulez-vous être en mesure de rembourser toutes vos dettes, de payer les frais de scolarité de vos enfants ou voulez-vous simplement acheter un bateau et partir naviguer autour du monde ?

Ou bien souhaitez-vous la liberté financière et tous les avantages qui l'accompagnent ?

C'est vous qui décidez de la taille de votre projet.

Personne d'autre que VOUS n'a le pouvoir d'écrire votre histoire. Nous devrions le répéter, car cela a un impact considérable. Il n'y a qu'une seule personne qui a le pouvoir d'écrire votre histoire pour vous : VOUS. Personne d'autre que VOUS n'a le pouvoir d'écrire votre histoire.

Je vous informe que personne d'autre n'a l'autorité d'influencer votre histoire sans votre consentement ; sans votre permission, cela n'arrivera jamais. Si c'est quelque chose que vous souhaitez laisser derrière vous, je peux attester par expérience que c'est difficile, mais cette transformation ou ce changement est réalisable, et la libération qui en découle est à elle seule décisive.

C'est un changement dans votre état d'esprit et votre façon de penser. OSEZ rêver, OSEZ CROIRE en votre rêve, et vous êtes sur la bonne voie pour le réaliser. Cette croyance élargira votre potentiel de créativité et vous aidera à atteindre vos objectifs personnels.

Deuxièmement, prenez-en note. Sur une feuille de papier, notez les cinq premiers aspects de votre vie que vous désirez. REMARQUE : Essayez de rester aussi positif que possible ; évitez de mentionner les inconvénients.

Par exemple, au lieu d'écrire "J'aimerais ne pas être si pauvre", vous pourriez écrire "Je suis financièrement indépendant". Ou encore, au lieu de "J'aimerais ne pas être constamment triste et contrarié", vous pouvez écrire "Je suis heureux et capable de faire face aux obstacles avec tolérance et impartialité."

Veillez à rester simple et à utiliser le moins de mots possible. En d'autres termes, évitez d'être excessivement verbeux.

Trop de mots pourraient vous laisser perplexe et nuire à votre concentration.

Troisièmement, imaginez et croyez que la vie que vous avez imaginée et construite est véritablement la vôtre, car c'est le cas ! Tous nos désirs et nos objectifs commencent de cette manière ; nous ne pouvons pas aller du point A au point B sans connaître d'abord l'addition ; de même, vous ne pouvez pas apprendre la multiplication sans comprendre d'abord l'addition.

Quatrièmement, vous devez avoir la capacité de ressentir. Qu'est-ce que cela fait d'être dans la position dans laquelle vous êtes par rapport à votre objectif en vision ?

Imaginez-vous totalement immergé dans votre vision d'un objectif et dans cette sensation, en vous y accrochant aussi longtemps que possible. Faites-le autant que possible jusqu'à ce que cela devienne une seconde nature. Jusqu'à ce que ce soit une seconde nature pour vous et que vous l'évoquiez sans réfléchir.

Ensuite, vous devrez décider de ce que vous voulez faire. C'est important pour le début de votre réussite. Sur une feuille de papier, notez cinq à dix activités que vous appréciez.

Il n'est pas nécessaire que ces activités aient un lien quelconque entre elles. Ensuite, notez les choses pour lesquelles vous pensez être doué sur la même feuille de papier. Prenez note de vos points forts. N'hésitez pas à reconnaître vos réalisations ! Reconnaissez vos réalisations et vos capacités.

Puis relisez-la jusqu'à ce que vous l'ayez comprise. Si vous êtes à court d'idées, ce n'est pas grave. Avant de reprendre votre projet, faites une pause et faites quelque chose qui n'a rien à voir. Vous n'aurez très probablement aucun problème.

En fait, il se peut que vous soyez submergé par le nombre d'idées qui vous viennent à l'esprit ; dans ce cas, notez-les aussi vite qu'elles vous viennent à l'esprit, et lorsque vous vérifiez votre liste, ce qui saute le plus aux yeux est souvent votre appel. Vous le saurez en fonction de votre réaction émotionnelle à cette idée. L'inspiration est la confirmation que vous êtes sur la bonne voie pour développer votre potentiel.

Permettez-vous d'être déconcerté ! L'inconnu EST effrayant, et chaque entrepreneur peut attester de cette réalité grâce à son expérience personnelle. Il n'existe pas une seule personne ayant réussi qui n'ait pas connu la peur ou l'intimidation à un moment donné de sa carrière.

La différence est qu'ils ont surmonté leur peur ; ils ont gravi l'échelle alors que d'autres sont tombés un par un parce qu'ils étaient terrifiés par la hauteur.

Soyez prêt à vous dépasser et à surmonter vos sentiments d'inconfort. Lorsque vous voulez transformer votre vie et atteindre la liberté financière, vous devez changer votre comportement et, ce faisant, vous risquez de rencontrer des situations inconfortables.

Si vous voulez maintenir votre niveau de confort actuel, vous devez continuer à faire ce que vous avez fait, mais cela implique également que vous ne vivrez pas le changement que vous désirez si clairement.

Pour atteindre l'avenir et la vie que vous avez choisis, vous devez faire ce choix intentionnel.

# CHAPITRE 8

*Planification financière pour les particuliers, tranquillité d'esprit et liberté.*

À un moment ou à un autre, tout le monde a cherché à améliorer son revenu mensuel pour rembourser des dettes croissantes, que ce soit grâce à une bonne planification financière personnelle ou à l'aide d'un organisme extérieur de conseil en crédit.

Parfois, le stress lié à la restriction de l'argent devient trop lourd à supporter, et une stratégie est jugée nécessaire pour établir une liberté financière vis-à-vis des créanciers. La plupart des consommateurs seraient plus à même d'établir leur calendrier de planification financière. Cette activité implique une responsabilité totale et les oblige à commencer à se sortir d'un profond trou de dettes.

Pour atteindre la liberté financière que vous avez toujours désirée, vous devez d'abord intégrer un système de planification financière personnelle dans votre vie et votre budget - et ce n'est qu'alors que vous pourrez atteindre la sérénité et la liberté économiques. Envisagez de ne pas avoir de prêts, de dettes ou de factures qui s'accumulent - tout cela est réalisable si vous établissez un plan pour vous débarrasser de vos dettes plutôt que d'en parler.

1. Planification

La liberté financière n'est pas difficile à atteindre ; il vous suffit de vous asseoir et de formuler une approche pratique et efficace de la planification financière personnelle pour effacer vos dettes. Certains experts recommandent également de désactiver vos cartes de crédit pour vous protéger des dépenses excessives. Après tout, si vous n'avez pas les fonds nécessaires pour acheter quoi que ce soit, vous ne devriez probablement pas.

La paix.

Même si vous croulez sous les dettes, vous pouvez trouver une certaine tranquillité d'esprit. Des millions de personnes aux États-Unis consultent quotidiennement des livres et des sites Web sur le sujet.

Il est important de réaliser que vous n'êtes pas seul dans votre lutte contre l'endettement ; vous pouvez sortir du trou et atteindre la liberté financière avec patience. La paix est acquise lorsque votre plan de planification financière est mis en œuvre avec succès, mais vous ne pouvez pas vous asseoir et en profiter ; vous devez travailler pour l'obtenir.

Pensez à la façon dont les sociétés émettrices de cartes de crédit profitent de la situation - en facturant des intérêts exorbitants et en vous demandant de ne payer que le strict minimum chaque mois. Soyons réalistes : si vous ne pouvez pas payer le minimum, vous ne devriez pas utiliser ou même avoir une carte de crédit à ce stade de votre vie.

Que pouvez-vous faire pour tirer profit d'un abus aussi évident du portefeuille des gens ?

Ne payez jamais seulement le solde minimum dû mais effectuez tous les paiements possibles.

Évitez d'acheter des produits dont vous n'avez pas besoin ; conservez votre argent pour les mauvais jours.

Changez pour une carte qui offre un taux d'intérêt moins élevé ou des avantages supplémentaires, des rabais ou des primes de voyage.

Maintenez un niveau de vie bien inférieur à votre salaire ; après tout, il n'y a pas lieu de se vanter.

Faites un usage prudent de votre carte de crédit en établissant une liste précise des dépenses nécessaires sur votre calendrier de planification financière.

Ne laissez pas les sociétés de cartes de crédit vous exploiter plus longtemps - reprenez le contrôle de votre situation financière et atteignez la liberté financière que vous désirez. Le remboursement de vos obligations est le premier pas vers la tranquillité.

(2): Jetez toutes les cartes de crédit, sauf une qui ne sera utilisée qu'en cas d'urgence. Gardez toutefois cette carte hors de votre portefeuille.

Calculez vos taux d'intérêt et votre dette totale pour obtenir le paiement mensuel exact que vous voulez faire. Payez plus que la somme minimale si vous souhaitez éviter 30 ans de dettes, mais faites les comptes. Faites-en une partie de votre calendrier de planification financière.

Donnez la priorité au remboursement de la carte de crédit dont le taux d'intérêt est le plus élevé.

Le plus important est de ne pas perdre de vue votre plan de remboursement des dettes et vos objectifs financiers généraux. Effectuez des recherches approfondies sur les conditions de votre carte de crédit - frais, charges, délais de grâce et tout ce que vous jugez nécessaire. Dépensez l'argent que vous auriez dépensé pour les sociétés de crédit pour un avenir meilleur et plus autonome après avoir remboursé toutes vos dettes.

# CONCLUSION.

De nombreuses personnes ont travaillé très dur tout au long de leur vie, mais elles ne parviennent jamais à réaliser leur rêve de liberté financière. De nombreuses personnes que je connais ont même sacrifié leur temps personnel ou familial pour obtenir un peu plus de succès ou d'argent, mais elles n'ont toujours pas réussi à atteindre leur objectif.

Pourquoi ? La réponse est qu'ils ont peut-être travaillé trop dur ! Quoi ?

N'est-ce pas ce que nos parents et nos enseignants nous ont toujours appris depuis le premier jour, à savoir qu'il faut travailler dur pour gagner sa vie et s'enrichir ? !!

La liberté financière définit un style de vie bien planifié où l'on n'est plus obligé de travailler pour gagner de l'argent afin de subvenir à ses besoins." Être dans une situation de liberté financière ne signifie pas qu'une personne est tenue de se désendetter !

Cela signifie que l'on n'a plus besoin de travailler pour l'argent parce que l'argent travaille pour nous et est continuellement plus que suffisant pour couvrir les dépenses, y compris les dettes. En fin de compte, on peut profiter du style de vie choisi sans avoir à se soucier de l'argent !

Certains diront peut-être : "Comment gagner de l'argent sans avoir à travailler ? C'est impossible !" En effet, cela implique un changement important de mentalité. Tout d'abord, il faut abandonner le terme péjoratif de "travail" et le remplacer par celui de "système". Par exemple, le franchisage, le marketing de réseau... tout cela, ce sont des systèmes.

De même, le terme "système" est souvent utilisé de manière interchangeable avec "automatisation". Le but est de se libérer pour se concentrer sur des activités à plus forte valeur ajoutée plutôt que d'être continuellement obligé d'intervenir directement dans toutes les préoccupations, grandes ou petites.

Après avoir saisi le concept de "systèmes", vous devrez saisir l'idée de "levier". Les ressources d'une personne étant limitées par son potentiel, il est important de comprendre comment faire levier !

Vous avez compris ? Une fois que vous avez mis en place un SYSTÈME, la prochaine chose que vous remarquerez est la génération constante de flux de trésorerie. Le marketing de réseau est un excellent moyen d'exercer un effet de levier, car vous pouvez faire en sorte que toutes vos lignées descendantes soutiennent votre entreprise (et, bien sûr, la sienne) et gagnent de l'argent pour vous chaque fois qu'elles en gagnent.

Bien que le flux de trésorerie soit souvent minuscule au début, il augmente avec le temps grâce à l'effet de capitalisation ! Considérez que vous avez cinq lignes descendantes dans votre organisation de marketing de réseau et que chacune de ces cinq personnes recrute cinq autres personnes le mois suivant.

Le revenu passif est le terme couramment utilisé pour décrire ce type de flux financier généré systématiquement (ou revenu résiduel). En substance, lorsque les revenus passifs d'une personne dépassent continuellement ses dépenses, elle est sur la bonne voie vers la liberté financière !

Les actions et les investissements immobiliers sont également d'excellentes sources de revenus passifs : dividendes d'actions, revenus locatifs de biens immobiliers, etc. Je connais de nombreuses personnes fortunées qui perçoivent tellement de dividendes chaque année qu'elles peuvent effectivement prendre leur retraite sans avoir à se soucier de l'argent.

Il ne faut pas oublier l'Internet ! L'invention d'Internet a en effet créé une énorme passerelle permettant à pratiquement tout le monde sur notre planète d'avoir une véritable opportunité de gagner de l'argent sans être physiquement sur place ! Plus important encore, Internet fournit une base idéale pour faire fonctionner une machine à gagner de l'argent 24 heures sur 24, sept jours sur sept, qui ne s'arrête jamais, même pendant que vous dormez !

Enfin, et ce n'est certainement pas le moins important, un changement d'état d'esprit essentiel est le courage de prendre des risques ! Le risque fait d'une personne une personne meilleure et plus compétitive et c'est ce qui permet à l'esprit d'une personne de penser plus efficacement pour accomplir le succès ! Quittez votre zone de confort à la recherche d'un monde financier plus prospère!

Merci de votre lecture.

Series: Financial Freedom at Any Age.

1. Atteindre la liberté financière dans la vingtaine
2. Atteindre la liberté financière dans la trentaine
3. Atteindre la liberté financière dans la quarantaine
4. Atteindre la liberté financière dans la cinquantaine
5. Atteindre la liberté financière à 60 ans
6. Atteindre la liberté financière à 70 ans et plus.
7. Atteindre la liberté financière chez les enfants
8. Atteindre la liberté financière chez les adolescents
9. Atteindre la liberté financière chez les étudiants.